Mounia Khadiri

Murmures de la plume

Mounia Khadiri

Murmures de la plume

recueil poétique et dessins

Éditions Muse

Imprint

Cover image: www.ingimage.com

Publisher:
Éditions Muse
is a trademark of
Dodo Books Indian Ocean Ltd. and OmniScriptum S.R.L publishing group

120 High Road, East Finchley, London, N2 9ED, United Kingdom
Str. Armeneasca 28/1, office 1, Chisinau MD-2012, Republic of Moldova, Europe
Printed at: see last page
ISBN: 978-620-4-96292-4

Khadiri Mounia

Les murmures de la plume

Recueil poétique

Et dessins

Je dédie ce recueil

À *la mémoire de mon père*
À *ma mère*
À *mes filles*
À *ma famille*
À *mes amis*

À *mes professeurs d'hier, d'aujourd'hui*
et de demain
À *Mme Salma Fellahi, « Ma Muse » qui m'a inspirée*
À *M.Mohammed Benjelloun qui m'a honorée par son entrecroisement*
À *M.Kamal Hayani El Mechkouri qui m'a lue et encouragée*

À *l'étoile*
À *la plume*
À *mes chagrins*
À *mes bonheurs*
À *la musique*
À *la nature*

« Il est l'heure de s'enivrer !
Pour n'être pas les esclaves martyrisés du Temps,
Enivrez-vous ; enivrez-vous sans cesse ! De vin, de poésie ou de vertu,
À votre guise. »

Charles Baudelaire, Le Spleen de Paris, *XXXIII*

Préface

J'ai rencontré Mounia Khadiri à la Faculté des Sciences Humaines d'El Jadida, Maroc. J'y exerçais depuis quelques années le métier de professeure de Langue et de Littérature française. C'est alors que j'ai remarqué, au fil des jours, que Mounia se démarquait par sa sensibilité poétique, son esprit analytique, son amour pour le rythme et le vocabulaire imagé.

Ce mélange subtil est dû au fait qu'elle soit professeur d'éducation musicale au secondaire collégial.

Etant sûre qu'elle est douée pour l'écriture, je lui avais proposé de rédiger un poème lors de l'un de mes cours. C'est à ce moment-là que j'ai eu la certitude qu'elle avait un don pour l'écriture poétique dont elle n'était consciente. Ce fût une sorte d'épiphanie pour elle, le début de son envol au pays de Baudelaire et ses contemporains.

Son voyage poétique donna lieu à ce présent recueil où les images prennent vie. Oui, la poésie de Khadiri marie délicatement la musique et le sens comme disait Valery, et place dans ses mots une « *musique avant toute chose* » comme disait Verlaine. D'où l'omniprésence des jeux sonores dans tous ses vers, tantôt isométriques, tantôt hétérométriques.

Tour à tour, granuleuse et feutrée, la poétesse en herbe caressa toutes les mesures de l'émotion.

Son périple poético-musical traite des thèmes universels qui incitent le lecteur à embrasser son âme et à se mettre en question.

Certains poèmes sont délibérément hermétiques ; ils sont là pour donner la liberté aux autres d'interpréter les choses comme ils les sentent, et non comme la poétesse les voit forcément.

« L'homme pleure une absence », « La rencontre des âmes », « La Fuite », « Contrat Cruel », l'univers des Murmures de la plume invite à l'introspection.

Ce recueil est également un hommage au langage universel qui n'est autre que la musique qui adoucit l'âme. « Harmonie » et « Symphonie » sont là pour en témoigner. Ces deux poèmes résument délicatement le désir de Khadiri de faire des lettres, des sons et des images une harmonie et une symphonie qui prend vite dans la réalité. Le papier devient alors partition et spectacle.

Cette richesse n'a d'ailleurs pas manqué d'inspirer l'un de ses professeurs : Mohammed Benjelloun, qui a eu l'idée d'entrecroiser Khadiri dans « Plaidoirie » ; un poème proche d'une scène de théâtre où les vers en italique marquent cet entrecroisement. La barde a également donné envie à certains artistes plasticiens ainsi qu'à des élèves doués, d'illustrer ses poèmes, et voilà comment Mounia Khadiri a donné naissance à ce recueil où presque tous les arts sont présents.

Salma Fellahi

Khadiri Mounia

Les murmures de la plume

Recueil poétique

Et dessins

1. L’homme pleure une absence

Oui ! l’homme pleure une absence ;
Celle d’une femme qui a à peine quitté sa résidence.
Il pleure son sourire, son fou rire et même son ingratitude,
Devant un geste que cet homme a fait pour la sauver de sa solitude.

Oui, l’homme pleure une absence ;
Celle aussi d’une maman, quand c’est lui qui s’est éloigné de la résidence,
Devant une vitre neigeuse, un café chaud et une musique de son enfance,
Et ça lui manque ce pain maternel et l’autre café fait sans souffrance.

Les hommes ! Ah les hommes !
Il y en a un qui pleure de peur,
Qu'elle parte un jour et que les fleurs,
Soient le seul remède qui arrose ses pensées
Ou une ruelle par laquelle ils sont déjà passés.

Ah ! J'allais oublier !
Il y en a un qui pleure quand c’est elle qui dit : “ Adieu ! “
Parfois c’est lui qui dit : “ au revoir ! “
Elle est perdue, mais elle garde un peu l’espoir !

Bref !

Tous ces hommes-là ne sont pas qu'un seul !

Et s'ils n'étaient qu'un seul ?!

Il aurait peut-être besoin d'une dame unique,

Et qui ne peut être qu'une artiste typique,

Pour dessiner tous ces beaux portraits sur une seule toile,

Et vous qui me lisez, ne cherchez pas trop la mystérieuse étoile !

20/03/2022

1.A.Zoukhrouf, ***L'homme pleure une absence***

2. Rencontre des Ames

Lui

Nuit ! Oh charmante nuit ! vois ta lune cerclée
Adoucis ma douleur, je ne puis la toucher
Celle qui me l'approuve et qui m'a exilé
Dans l'éternel amour et non pas le péché

Lui

Viens-tu à mon secours ? je dois te l'annoncer :
Ton mystérieux amour, je ne peux le nier !
Dans tout ce monde sourd, ta voix s'est bien placée !
Elle ose le retour, je l'entendais prier !

Elle

C'est moi, je te reçois ! Je sais que j'y étais !
Dans ta cage sombre, tu m'avais éclipsée.
Les voix séraphiques sont là pour nous fêter
Nos âmes pudiques, cette nuit vont valser.

20/03/2022

2. S.Fellahi, *Rencontre des âmes*

3. L’étoile filante

Une fois l’étoile a dit
À la lune qui scintille :
“ Voisine lumineuse,
Drôle chaleureuse,
Pourquoi as-tu changé ?
Qu'est-ce qui t’a dérangée ?”
La lune a répondu, morose chagrinée :
“C’est l’adieu décidé ! le manque m’a ruinée.
N'avais-tu rien senti ?
Mes cris sont inouïs ?
L’étoile de mon cœur
Était la seule lueur.
Aucune créature
Ne sauvera mon futur.
Convoque les rivières,
Les sommets des prières,
Les eaux les plus profondes,
Les aigles et tout le monde ;
Ils ont été témoins
Que tout allait bien !
Que les yeux se fixaient
Sur les âmes complexées !

Le ciel noir et doux comprenait
Mais l’étoile le surprenait :
« Comment pouvait-elle s’éloigner
De la lune qui la soignait ?
Si seulement elle n’avait pas filé,
On aurait peut-être pu parler ! »

Un astre s'approcha
De la lune et annonça :
« Ton étoile je l'ai vue,
Sa lumière m'a déçue ;
Les nuages l'échappèrent,
Les orages l'enfermèrent. »

11/07/2022

3. A.Lafsahi, *l'étoile filante*

4. La Fuite

Brise son cœur comblé de fleurs !
Tremble de peur, ivre bonheur !
Arrache l'amour de ton goyavier !
Meurs de souffrance, très pauvre gibier !

Fuis-la des yeux, âme embrassée
Quitte ses cieux, l'étoile tu es !
Cherche la paix loin de la rebelle !
Trouve-toi l'abri dans ses prunelles !

Cache ta flamme pauvre soumis !
Au sort de la vie, qu'avais-tu promis ?
« Sauf si la voix devient soupir ! »
Tu t'attendais au mal, elle s'attendait au pire !

19/07/2022

4. A.Zoukhrouf, *la fuite*

5. L’Amertume

Je fais appel à ma plume
Pour dégager l’amertume,
Elle répond : « c’est assez ;
Tout ce que j’avais tracé
Ne pouvait rien adoucir. »

Elle dit : « demande au Feu,
Il te servira d’enfeu
Pour enterrer tes brûlures
Et refermer tes blessures »

Le noble Feu refusa ;
Sa flamme il volcanisa
Devant l’horrible souffrance
Il me chassa par prudence.

Désespérée que je suis !
Et je demeure éblouie !
Cette aveuglante chimère
Me jeta loin dans la mer.

Je me noie et j’agonise
Toutes les nymphes me disent :
“sauve-toi de l’amertume !
Donne l’âme et le costume !”

24/07/2022

5. A.Zoukhrouf, *L'amertume*

6. La pensée

Une pensée vient de passer,
Par les fils du passé,
Déversant les nostalgies
Comme les larmes des bougies,
Réveillant tous les bonheurs,
Les mauvaises et les belles heures.
J'ai pensé à la naissance
De mes filles et la présence
De mon père à mes côtés,
De ses yeux qui m'ont quittée,
De son cœur qui m'abritait,
De ses mots qui me fêtaient.

Le Papa, l'Homme à la fois
A vécu une seule fois,
Dans la vie mais plusieurs en moi ;
Il est dans tout endroit ;
Je l'appelle, il me reçoit,
Il m'accueille sous son toit,
Entouré d'hommes de foi,
Ses parents et ses amis,
Je les vois réunis
Dans mes rêves et prières,
Quand la lune est tout entière.

Les bougies me crient : “ arrête !
Nos mèches brulent arrête !”
Chaque mèche si vous saviez,
Est une veine où j’ai gravé
La peine de son départ
Et le jour de ce cauchemar.

Les bougies sont bien mes yeux,
Qui pleurent dans tous les lieux,
Sans que les autres le sachent,
Je me noie et je me cache.

25/07/2022

6. A.Zoukhrouf, « *le père de Khadiri* »

7. Le monstre

Devant cette eau verte et pure,
Elle observe son image ;
Yeux hagards au regard dur,
Dévisage le rivage.

Voit soudain dans ce miroir,
Reflétant le crépuscule,
Le monstre hideux, haineux, noir
Elle prend peur et recule.

Son âme déjà noyée,
Agonisant sans soupir,
Perd la chaleur de ses pieds,
Elle étouffe son sourire.

Le monstre se tord de rage,
Il montre ses crocs de diable,
Il fait trembler des orages
Les larmes des misérables.

Il souffle le feu d'enfer,
Brule les anges des vagues,
De son mal ils ont souffert,
Il trouble la paix des algues.

L'ombre sur l'eau se propage,
Le vert eau se fait frayeur.
Les bateaux ont fait naufrage,
Leurs voiles griffées de peur.

Il crache le grand malheur,
Sa cendre sent le sadisme.
On a nommé « humble cœur »
Ce qui est du narcissisme.

Ce monstre n'est pas humain,
Elle aimerait qu'il le soit,
Pour qu'il sache que demain
Il ne fera plus la loi !

28/07/2022

7. **H.Arden,** ***Remorquage vers le phare après la tempête*** **(1858-1917)**

8. Les Rumeurs — كثر الحديث

Des rumeurs et des questions autour de celle que j'aime ;	كثر الحديث عن التي أهواها
Son âge, son nom, son secret et sa forme même	ما عمرها، ما اسمها، سرها، ما شكلها
Blonde ou brune ?	شقراء أم سمراء
Tes yeux sont-ils les plus beaux ou bien ses prunelles ?	عيناك أحلى أنت أم عيناها
Je crains que tu aies mal, alors prends-y garde mademoiselle	جل الذي أخشاه أن تتأثري
	فتماسكي و تهيئي و تحضري
Car les femmes jalouses sont souvent rebelles.	فلغيرة النسوان فعل الخنجر
Elle est sublime, elle est chandelle	هي أجمل من كل جميلة
Que toi et moi, elle est plus belle !	أحلى منك وأحلى مني
Le plus gracieux des papillons !	هي أرشق من كل رشيقة
La plus réelle des sensations !	هي أقرب من قلبي عني
Plus forte qu'un poème de Karim	هي أبلغ من شعر كريم
Plus douce qu'une mélodie de Kadim	أو كاظم في أروع لحن
On dit que vous sortez ensemble !	قالوا إنك تسهر معه
Certainement !	طبعا طبعا
On dit que vous habitez ensemble !	قالوا إنك تسكن معها
Evidemment !	طبعا طبعا
Ses yeux sont le chez-moi et l'oreiller qui m'enlace	عيناها بيتي وسريري ووسادة رأسي أضلعها
Son doigt en caressant mon franc	تمحو كل هموم حياتي لو مس جبين أصبعها
Bannit tout ce qui me tracasse	
Enlace-moi la fée de toutes	ضميني يا أحلى امرأة
C'est ton silence que j'écoute !	لو صمتت قلبي يسمعها
Baghdad, Baghdad ...	بغداد، بغداد

Poète : Karim Al Iraki — شعر : كريم العراقي

Adaptation : Mounia Khadiri — 01/08/2022

8. A.Lafsahi, *L'inconnue*

9. Ma Muse

Je voudrais vous dire : cette Muse est la mienne.
Ses yeux jaunes m'inspirent des valses de Vienne.
« Salma » ou « Salomé » je l'appelle souvent,
Dérivé de la paix, j'aime ce joli nom.

Ma blonde est une fée venue d'un autre monde ;
Une lyre d'Orphée qui joue des vertes ondes,
Défend les animaux dans les rues délaissés,
Ses larmes pour leurs maux on les voit déversées.
Chère Mère Nature ! offrez-lui votre trône !
Aujourd'hui, la terre souffre d'une vie morne.

Elle aime déclamer les vers de Baudelaire
Et sent ses fleurs du mal, dans ses doux champs elle erre ;
Invités au voyage vers l'île des déesses,
À bord de l'Albatros enivrez-vous sans cesse !

Sur ma valse à trois temps, je la voyais danser !
Cette muse éolienne avait très bien valsé.
Sur l'accord du piano elle a chanté "La Fuite",
Demandez à ma Muse une agréable suite !

02/ 08/ 2022

9. S.Fellahi, photographie

10. Couleurs des cœurs

Des cœurs de mille couleurs défilent devant mes yeux ;
Verts, rouges, noirs ou de la couleur des cieux ...
Cherchez-vous le blanc ? Ne vous y attendez pas trop !
La transparence est la couleur de l'eau.
Même le mien est foncé, je ne sais de quelle couleur,
Nous ne sommes pas nés colorés, mais c'est dû aux douleurs !
Chacun a un cœur de la couleur de l'arc-en-ciel :
Indigo, orange, souvent ça sent du miel,
Et dès que vous y êtes, le caméléon se réveille
Et change de peau après son petit sommeil.
Je ne vous dis pas de voir le noir,
Mais, je vous invite à ne pas tout croire ;
Les pages blanches sont les enfants,
Les maux de la vie sont des crayons,
Des fleurissants peut-être ou des mines de plomb,
Levez haut les mains et soyez le plan !

05/08/2022

10. M.Corneille le jeune, *têtes de femmes*, 1642-1708

11. Guerre perdue

Je demande pardon au sort,
Je lui dis qu'il n'avait pas tort
Et que moi, cette plume qui écrit,
Le jour où je me suis moquée de lui et j'ai ri,
J'étais très jeune, je me croyais solide,
Armée de fer et d'acide,
Pour faire dissoudre ses méchancetés
Et faire de ses douleurs ma tasse de thé.

Je demande pardon à mon "Moi",
Ce petit narcisse, ce petit roi
Que j'ai décapité sous chantage :
Calmer le jeu ou la rage.
Je lui dis que la guillotine
Est la fierté de ceux qui fascinent ;
Et que si notre guerre perd contre le sort
De nos meurtrissures naitront des ailes pour prendre l'essor.

09/08/2022

11. A.Zoukhrouf, ***Guerre perdue***

12. Lueur d'espoir

Ecoutez ces mots sourds qui résonnent !

Chantez ce silence qui fredonne !

Dansez la valse sur un rythme muet !

Quand le hibou et le loup lancent leurs huées.

Trouvez l’histoire dans le néant

Et l’artiste parmi les fainéants !

Liez les lignes des gribouillages

Pour voir clairement l’image !

Ayez l’œil du clair-obscur !

La lueur vous deviendra cure.

Pensez au bonheur, à l'amour et à l'art !

Dans ces contradictions trouvez l'espoir !

10/08/2022

12. G.Schalcken, ***jeune fille à la chandelle*** **1685-1690**

13. La Peur

Une main verte tremble d'une inévitable peur ;
Ses plantes ne sont plus là, Elle en souffre et elle pleure !
Elle craint la perte de la violette et du laurier,
Court de ses pieds nus, perdue, écrase le goyavier.

La main verte aux pieds fous, noirs,
Protège son narcissisme ;
Les plantes dans le miroir
Reflètent son héroïsme.
Les années qu'elle a passé
En arrosant ses deux graines,
L'ont poussée à délaisser
Le bon remède à ses peines.

Le fruitier, petit arbuste
Écrasé, n'a plus de place
Dans le cœur frêle et robuste
Il veut retrouver sa trace.

Trouve enfin la main d'ange qui le déterre et le plante,
Dans un champ plein de rimes qui le balancent et le chantent.

13/08/2022

13. L.Flameng, *l'amour paternel*, 1854

14. Chimère diabolique

Ses murmures diaboliques résonnent à ses oreilles,
Il est là, il fredonne l'hymne de son absence.
Vient souvent la réveiller de son profond sommeil,
Son absence éternelle est une venimeuse présence.

Une chimère apparait à l'horizon des mers,
Les échos des vagues embrassent les nuages
Pour secouer la paix de son silence amer
Et faire de ses rêves des contes de sages.

Les histoires qu'elle raconte aux lendemains des naufrages
Sont l'image que le peintre diabolique dessine
Sur les toiles tissées avec les sables des rivages.
La chimère disparait et le diable domine !

16/08/2022

14. M.Kardouni, ***Chimères diaboliques***

15. Confession angélique

Pardonnez-la, Anges ! votre terre a souffert !
Priez pour elle ! sauvez-la du gouffre d'enfer !
Elle s'accrochait aux fils frêles du paradis,
Coupés enfin par les crocs du monstre maudit.

Anges bons, séchez vos larmes, cessez vos pleurs
Cachés sous les nuages quand vos ailes ont peur.
Pauvres que vous êtes, douces voix séraphiques !
Blessées par l'impitoyable monstre sadique.

Votre terre enterre les maux durs de sa chair,
Pour purifier l'écume de ses mers amères,
Pour libérer l'amour de sa cage sadique
Et faire de vos rires des hymnes orphiques.

17/08/2022

15. M.Kardouni, *Confessions angéliques*

16. À contre temps

Sentez-vous ce que je sens ?
Ce parfum m'est très familier, Ça me rappelle quelque chose :
Les jasmins du jardin peut-être, Je sens et je prends une pause.
Ça sent les éclats de rires de mon enfance,
Mes amitiés et mes « pourquoi ? » restés sans réponses.

Voyez-vous ce que je vois ?
Mes instants de bohème et les vôtres passent !
Vous êtes immobiles et rien ne vous tracasse ?
Attrapez-les ! courrez ! arrêtez les montres perfides !
Sauvez vos mèches noires et vos regards timides !

Chut !
Ecoutez le bruit du train sur son chemin ;
Il déclame la fuite de nos hiers vers le brouillard de nos demains :
« Chers voyageurs ! votre destination n'est pas très loin !
Le temps perdu, de vos souvenirs, en prend bien soin ! »

Nos lendemains sont impalpables,
Ils risquent d'être impardonnables !
Ou bien, mieux vaut être loin des mains du destin ?
Ses doigts peuvent brûler l'innocence d'un désir clandestin !

Chantez les tic-tacs de vos cœurs !

Les aiguilles des montres disent qu'on meurt.

Goûtez le bonheur de chaque heure !

C'est l'heure, où l'on meurt, qui fait peur…

21/08/2022

16. M.Kardouni, ***A contre temps***

17. La Lionne

La Lionne exige soumission,
Ses lionceaux quittent la jungle.
Donne à chacun une mission,
Mais chacun impose sa règle.

Les lionceaux, enfants vieillis,
Trouvent leurs propres tanières.
Décident déjà leur vie,
À contre-courant des rivières.

La lionne rugit sans cesse,
La désobéissance la met en rage.
Oublie ce que veut dire tendresse
Et provoque des orages.

29/08/2022

17. M.Kardouni, ***La Lionne***

18. Comme si de rien n'était !

Souvenez-vous du Maitre Renard
Ce malin pas trop bavard,
Qui avait trompé Maitre Corbeau,
Lui dit qu'il était très beau
Et pour un petit fromage,
Il flatta plumage et ramage ?

Le rusé est de retour,
Il déclare son amour
Au corbeau qui devient sage
Et dit qu'il veut tourner la page,
Comme si de rien n'était
L'amitié doit se fêter.

Les deux êtres quittent la fable
De Lafontaine et s'assoient à table.
Le Corbeau met son fromage,
Sur son aile de décollage,
Demande au Renard de rugir
Et comme un lion, lui dit de réagir.

Maitre Renard consentant,
Fait l'essai en trois temps,
Se retrouve en trompètement,
Perd la force vainement.

Le Corbeau plutôt sage,
Voulait passer un message :
Un renard, ne peut que duper
Pour assurer un bon souper.

Après l'échec, Maitre Renard
Trouve un lapin vieillard,
Lui promet nouvelle jeunesse,
S'il accepte ses caresses.
Il lui dit : « ferme les yeux
Et la magie aura lieu ! ».
Le lapin croit au sort
Et le Renard le dévore.

31/08/2022

18. B.Mahdoufi, ***Comme si de rien n'était***

19. Harmonie

Sur un clavier de piano se joue toute l'histoire ;
Les touches blanches guérissent le mal des touches noires,
Pour jouer la mélodie de la vie mère et amère.
Les bonheurs et les malheurs sont tous éphémères.

Les dièses et les bémols sont des hauts et des bas
Qui nous font souffrir sur de méchants grabats
Ou savourer un air joyeux qui nous fait danser.
À la fin, une cadence parfaite nous fera trépasser.

Les secondes qui passent comme des ostinato,
Derrière une harmonie entre cordes et marteaux
Font de nos pleurs et nos rires des sagesses
Jusqu'au jour où la solitude deviendra déesse.

Entre noires et blanches il y a soupirs,
Des pauses qui méditent sans rien dire.
Juste en écoutant les métronomes de nos cœurs meurtris,
Le son disparait sous les terres fleuries.

04/09/2022

19. N.Hocar, *Harmonie*

20. Plaidoirie

Entrecroisement avec *M.Benjelloun* (vers en italique)

Le juge :

Qu'as-tu fait, accusé, quel est ton crime ?

Parle ! Défends-toi, repens-toi ! Avoue !

Décris tes forfaits ! Ici, nul n'opprime,

Tes aveux, accusé, laveront tout !

L'accusé :

Qu'écrire quand les vers perdent leurs mots ?

Que dire quand les mots perdent leurs lettres ?

Je prête ma voix aux larmes des maux,

Elles vont mieux vous le dire peut-être.

Car ce cœur aigri, car ce cœur blessé,

Ce cœur que je soustrais à l'espérance

Que, sans regret, j'ai offert au passé

À se défendre oppose mon silence.

Les larmes :

Nous, ses larmes versées dans le noir des nuits,

Porte-paroles de votre accusé,

Souffrons d'une éternelle hémorragie,

De la vie morne sommes épuisées.

Voyez ses rides, traces des ruisseaux !

Sur son visage avons marqué la peine.

Le bonheur, peintre, a perdu son pinceau

Et le chagrin, vainqueur, tient bon les rênes.

Vous osez lui dire de pleurer moins,

Quand sa patience manque de patience !

Quand nous, chaudes larmes, sommes témoins

Devant la violence de son silence.

L'accusé :

Monsieur le juge, avez-vous bien ouï ?

Douleurs muettes ont parlé pour moi.

Dans leurs ténèbres Je me suis enfoui

Pour ne plus entendre ma voix.

Ah ! Je n'attends rien de votre justice !

Car quand ne pas parler devient tout dire

Et que des mots, ma gourde salvatrice

Se vide, l'autre défense est d'en rire.

Le juge :

Notre tribunal vous juge coupable

D'avoir privé votre âme d'être aimée,

Prenez-le, gardes forts et imbattables,

Dans son gouffre, laissez-le enfermé !

9/09/2022

20. S.Fellahi, *Plaidoirie*

21. Symphonie

Pour rendre hommage à ceux qui voulaient me lire en liberté
Et demandaient de laisser mes rimes et mes mètres de côté,

Je partis faire une balade libre,
Vivais un moment d'ivresse ;
Ne pouvais voir que mes nostalgies,
Ne pouvais écouter que les échos de mes peurs.
J'essayais d'en faire une symphonie,
Dirigée par le fameux Chef Destin.
Vous vous attendez à ce que ce soit moi le chef ?
Mais bien sûr que non !
Ni moi, ni vous qui lisez ou écoutez !
Ni les autres qui sont lassés des poètes !

Nous sommes les vents sur lesquels souffle le destin ;
Une flûte traversière douce ou un contre basson en colère !
Nous sommes les cordes frappées, pincées ou frottées
Qui subissent les gestes du Destin Artiste.
Mais en écoutant nos intérieurs humides,
Nous découvrons que ça rime encore et que l'harmonie existe !
Nous sommes des percussions aussi qui subissent les rythmes de la vie
Qui font valser ou danser tout simplement.
Mais, il y a des rythmes qui font peur si vous le saviez !
Des rythmes très rapides qui ne laissent pas respirer une caisse claire !
Ou glissent sans arrêt sur un carillon tubulaire !
Mais ça résonne, ça rime et l'harmonie résiste !

Je m'arrêtai devant une vague fraîche,

Qui voulait caresser mes rêveries

En chatouillant ces petits violons qui jouaient Les Quatre saisons

Sur les pulsations de mes pieds.

Elle me dit d'écouter ses murmures,

De vivre libre, ivre et de la suivre,

De devenir océan et que pour un recul, il fut déjà trop tard !

Je la suivis cette vague !

Elle me porta comme une goutte perdue,

Me balança sur les crescendos et les decrescendos du Sort artiste ;

Je devins Océan Symphonique.

15/09/2022

21. P.Charles Delaroche, *Florent Schmitt, chef d'orchestre de Salomédessin*,1912

22. Contrat cruel

Ils perdent leurs mots anciens mais les crient au fond.
Leurs regards se reprochent ce regret très profond.
Leurs corps sont en naufrage, leurs âmes sont perdues,
Leur rencontre interdite par les clauses déchues.

Ce contrat maudit exigea de se dire : « Adieu »
Leur amour téméraire finit avant l'aveu.
Mais qu'en est-il lorsque leurs yeux lourds errent ou se noient
Sous des larmes stériles ? cœurs en fer ils se croient.

Très dure de le dire, ils évitent les regards,
Mais dans un ciel étoilé ils pleurent leur histoire.
Les larmes s'abritent dans les échos des soupirs,
Entre rire et frémir ils ne peuvent que souffrir.

20/09/2022

22. A.Lafsahi, ***Contrat cruel***

Artistes contributeurs

Abdelilah Zoukhrouf, artiste plasticien, Maroc

Mohamad Kerdouni, artiste plasticien, Maroc

Salma Fellahi, professeure universitaire et dessinatrice, Maroc

Naoual Hocar, étudiante amatrice, Maroc

Asmaa Lafsahi, élève amatrice, Maroc

Basma Mahdoufi, élève amatrice, Maroc

Table des matières

Printed by Books on Demand GmbH, Norderstedt / Germany